AF279328

Natalia Madera Minguez

APULEYO EDICIONES   FOMENTO DE VALORES   CUENTOS ILUSTRADOS

ELENA, LA SIRENA QUE QUERÍA IR A LA ESCUELA

APULEYO EDICIONES　　　FOMENTO DE VALORES　　　CUENTOS ILUSTRADOS

*A Juanma, gracias por apoyarme en cada decisión
y acompañarme en mi camino.*

En un reino mágico en el océano vivía una sirena llamada Elena. Su cola era de un color azul brillante y su pelo blanco como la espuma de las olas.

La sirena Elena era muy valiente y soñadora y soñaba con ir a tierra firme para poder ir a la escuela, pero tenía miedo de que se rieran de ella por no saber caminar.

"Tampoco pasa nada —se decía a sí misma—, en el océano tengo todo lo que necesito", pero sabía que no era así.

Cada día, Elena asomaba la cabeza a la superficie, veía cómo los niños y niñas entraban a la escuela y soñaba con ser una de ellos algún día.

Una noche, para cenar, su padre le puso un plato bien grande de valentía y Elena decidió que al día siguiente iría a la escuela.

Al día siguiente, cuando llegó a la escuela, Elena se dio cuenta de que era diferente al resto. Los niños y niñas miraban su cola brillante y sus escamas. Algunos niños y niñas comentaban que caminaba raro porque, claro, no habían visto nunca una sirena.

Aun así, Elena no se desanimó. Tenía muchas ganas de ir a la escuela y por fin estaba ahí.

1 2 4 5 6
a d e f

Cuando llegó la hora del patio, Elena se sintió triste porque sus compañeros y compañeras jugaban al fútbol, saltaban a la cuerda, etc. y ella no podía hacer esas cosas porque era una sirena.

La maestra Ernesta lo vio todo y notó que Elena se sentía fuera de lugar.

La maestra Ernesta era la maestra de Elena, era una mujer pelirroja que siempre iba vestida con su alegre bata verde y sus grandes gafas.

Quiso ayudar a Elena, así que decidió hacer una actividad que hiciera ver a los niños y niñas que, aunque haya cosas que nos cueste más hacer, todos resaltamos en alguna cosa.

3 × 4 = 12
9 ÷ 3 = 3

¿Sabéis que les propuso? Ir a nadar. Llevó a los niños y niñas a la piscina y quedaron sorprendidos porque Elena nadaba de maravilla. Era la mejor nadadora que habían visto nunca.

Así, los niños y niñas de la escuela comenzaron a sentir interés por Elena y ella les contó historias fascinantes del océano.

Pronto, sus compañeros y compañeras descubrieron que, pese a las diferencias, todos tenían algo especial.

Elena, por fin, pudo ir feliz a la escuela y sus nuevos amigos y amigas aprendieron a aceptar a alguien que era diferente a ellos y ellas.

© Natalia Madera Minguez (de la obra)
©Apuleyo Ediciones (de esta edición)
Primera edición en Apuleyo Ediciones: diciembre 2024
Diseño de cubierta: Vicente Mendoza Paz
Corrección: Aitor Andreu Guerrero
Maquetación: Vicente Mendoza Paz
Ilustraciones: Abril Martínez Jurado
Coordinación editorial: Isidoro Cidre González
info@apuleyoediciones.com
www.apuleyoediciones.com
ISBN: 978-84-1060-383-7
Depósito legal: H 451-2024

No está permitida la reproducción total o parcial de este libro, ni su tratamiento informático, ni la transmisión de ninguna forma o por cualquier medio, ya sea electrónico, mecánico, por fotocopia, por registro u otros métodos, sin permiso previo y por escrito de los titulares del copyright.

Hecho e impreso en España.